BEI GRIN MACHT SICH IHR WISSEN BEZAHLT

Claus Renzelmann

Der Ruhreisenstreit 1928/29

War das Verhalten der Regierung Müller legitim und geeignet, die Krise des Arbeitskampfrechts zu beseitigen?

GRIN Verlag

Bibliografische Information der Deutschen Nationalbibliothek:

Die Deutsche Bibliothek verzeichnet diese Publikation in der Deutschen National-
bibliografie; detaillierte bibliografische Daten sind im Internet über http://dnb.d-
nb.de/ abrufbar.

Impressum:

Copyright © 2004 GRIN Verlag GmbH
Druck und Bindung: Books on Demand GmbH, Norderstedt Germany
ISBN: 978-3-656-75680-4

Dieses Buch bei GRIN:

http://www.grin.com/de/e-book/281650/der-ruhreisenstreit-1928-29

Der Ruhreisenstreit 1928/29

von Claus Renzelmann

Inhaltsverzeichnis

I   Einleitung und Fragestellung

Im Jahr 1928 kam es im Ruhrgebiet zum größten Arbeitskampf der Geschichte der Weimarer Republik, womöglich der Deutschen Geschichte überhaupt. Dieser Arbeitskampf, der als „Ruhreisenstreit" bekannt geworden ist, brachte die Regierung Hermann Müller in eine schwere innenpolitische Krise. Diese Krise soll untersucht werden unter der Fragestellung: „War das Verhalten der Regierung Müller im Ruhreisenstreit legitim und geeignet, die Krise des Arbeitskampfrechts zu beseitigen?"

II   Ursachen

1)   Sozialpolitische Gesamtlage

In den Jahren zwischen der Währungsreform und der Weltwirtschaftskrise war es in Deutschland zu einem Wirtschaftsaufschwung gekommen. Obwohl dieser Aufschwung nach neuerer Auffassung bereits die Züge einer neuen Strukturkrise trug[1], sorgte er zunächst für erhebliche Gewinnzuwächse bei den Großunternehmen[2]. Von diesen Gewinnen profitierten, da sich die Unternehmen überwiegend in privater Hand befanden, nur wenige Privatpersonen. Hierdurch wurden auch auf der Arbeitnehmerseite Begehrlichkeiten geweckt: Man wollte an der wirtschaftlichen Prosperität teilhaben in Form konkreter (Reallohnsteigerung) und abstrakter (Ausbau des Sozialstaats) Vorteile. Beim Versuch, diese Vorteile zu erreichen, kam es wiederholt zu krisenhaften Erscheinungen, die die Gestaltung der Innenpolitik der Weimarer Republik insbesondere durch die Regierung Müller erheblich erschwerten.

2)   Problem der staatlichen Zwangsschlichtung

Kumulationspunkt der sozialpolitischen Auseinandersetzungen wurde in den Jahren 1928 und 1929 das Recht der staatlichen Zwangsschlichtung. Bereits 1923 hatte die Regierung Stresemann aufgrund des 2. Ermächtigungsgesetzes vom 08.12.1923[3] eine Schlichtungsverordnung[4] erlassen, die vorsah, daß bei Tarifstreitigkeiten eine staatliche

---

[1] Wirsching, Alexander: Die Weimarer Republik, Politik und Gesellschaft, Enzyklopädie Deutscher Geschichte Band 58, München 2000, S.69
[2] Wehler, Hans-Ulrich: Deutsche Gesellschaftsgeschichte, Vierter Band, Vom Beginn des Ersten Weltkriegs bis zur Gründung der beiden deutschen Staaten 1914-1949, München 2003, S.252, 253 (im Folgenden zit. als „Wehler, Gesellschaftsgeschichte").
[3] RGBl I 1923, S.1179
[4] Schlichtungsverordnung vom 30.10.1923, hier 2. Ausführungsverordnung vom 29.12.1923, zit. nach Schneider, Michael: Auf dem Weg in die Krise, Thesen und Materialien zum Ruhreisenstreit 1928/29, S.13, Wentorf bei Hamburg 1974 (im Folgenden zit. als „Schneider, Ruhreisenstreit").

Schlichtungskommission einzuberufen sei. Die Teilnahme am Schlichtungsverfahren war für beide Tarifparteien verpflichtend. Falls keine Einigung zustande kam, war in der Schlichtungsverordnung geregelt, daß der jeweilige Vorsitzende der Schlichtungskommission gleichwohl einen Schlichterspruch absetzte. Es bestand bis zur höchstrichterlichen Klärung im Jahr 1929 Rechtsunsicherheit darüber, ob dieser Spruch für die Tarifparteien unmittelbare Rechtswirkung hatte, also verbindlich war. Gewohnheitsrechtlich hatte sich aber die Praxis herausgebildet, den jeweiligen Schlichterspruch anzuerkennen[5].

Die Schlichtungsverordnung erhielt aufgrund starker Arbeitskampfneigung der Tarifparteien (allein im Jahr 1924 fanden 1.581 Streiks und 392 Aussperrungen statt[6]) hohe praktische Bedeutung[7]. Die Ergebnisse der Schlichtungsverfahren wurden von den Unternehmern überwiegend negativ beurteilt[8], so daß der Wunsch entstand, das Instrument der staatlichen Zwangsschlichtung auf rechtlichem Wege zu beseitigen. Hierzu benötigte man einen Präzedenzfall.

3) Profilierungszwang der Gewerkschaften

Auf der anderen Seite waren die Gewerkschaften im Jahr 1928 unter einen gewissen Profilierungszwang gefallen. Nur etwa 1/3 der reichsdeutschen Arbeiter waren gewerkschaftlich organisiert. Die Kommunisten, die sich als klassenkämpferische Alternative zu den Gewerkschaften verstanden, versuchten, die gesamte Arbeiterschaft auf ihre Seite zu ziehen. Die Gewerkschaften mußten daher tarifpolitische Erfolge vorweisen, um ihre Klientel zu halten. Ein großer Arbeitskampf war daher nicht nur aus sozialen, sondern auch aus populistischen Gründen im Interesse der Gewerkschaften.

4) Antisozialistische Tendenzen der Unternehmerschaft

Zuletzt ist anzuführen, daß die mit einer SPD-geführten Regierung konfrontierte Unternehmerschaft ein großes Interesse haben mußte, innenpolitische Krisen herbeizuführen, um für sie günstigere Voraussetzungen herzustellen. Die Gelegenheit, eine solche Krise herbeizuführen, bot ein großer Arbeitskampf.

---

[5] Timm, Helga: Die Deutsche Sozialpolitik und der Bruch der großen Koalition im März 1930, Düsseldorf 1952, S.100 (im Folgenden zitiert als „Timm, Sozialpolitik").
[6] Timm, Sozialpolitik, S.99.
[7] Wehler, Gesellschaftsgeschichte, S. 380.
[8] Timm, Sozialpolitik, S.98.

III Ablauf

1) Der Arbeitskampf bis zum Joetten-Schiedsspruch

Am 24. September 1928 kündigten die drei führenden Arbeitnehmerverbände im Ruhrgebiet fristgerecht das geltende Lohnabkommen. Für den Neuabschluß eines Tarifvertrages forderten sie eine Stundenlohnerhöhung von 15 Pfennig für alle Arbeiter über 21 Jahre. Die Arbeitgeber lehnten diese Forderung ab und machten einen Gegenvorschlag, der wenig Kompromißbereitschaft erkennen ließ: Der bisherige Tarifvertrag sollte um ein Jahr verlängert werden bei Aufbesserung der Einkommen einer kleinen Arbeitergruppe. Nachdem in mehreren Verhandlungsrunden kein Ergebnis erzielt worden war, kündigten die Arbeitgeber am 13. Oktober 1928 vorsorglich zum 1.11.1928 sämtliche Arbeitsverträge, auch die der gewerkschaftlich nichtorganisierten Arbeiter. Die Gewerkschaften beantragten daraufhin die Durchführung eines Schlichtungsverfahrens. Schlichter wurde Oberlandesgerichtsrat Dr. Joetten. Da das Schlichtungsverfahren nicht einvernehmlich beendet werden konnte, fällte Joetten am 26. Oktober einen Schiedsspruch, der eine Lohnerhöhung für erwachsene Arbeiter um 6 Pfennig, für Akkord- und Prämienarbeiter um 2 Pfennig pro Stunde vorsah[9]. Die Gewerkschaften nahmen den Schlichtungsspruch „trotz schwerwiegender Bedenken" an, die Arbeitgeber lehnten ihn ab.

2) Die Maßnahmen der Regierung

Der Druck der drohenden Massenaussperrung veranlaßte nunmehr die Reichsregierung, aktiv zu werden. Reichsarbeitsminister Rudolf Wissell erklärte einen Tag vor Inkrafttreten der Kündigung, am 31.30.1928, den Schiedsspruch für verbindlich[10]. Die Arbeitgeber beharrten auf der Beendigung der Arbeitsverträge und es kam zur Aussperrung von 230.000 bis 250.000 Arbeitern im Tarifgebiet.

In der Folge gerieten die Ausgesperrten schnell in erhebliche wirtschaftliche Not, da die Gewerkschaften nicht über die nötigen Mittel verfügten, um einen Arbeitskampf dieser Größenordnung durch nennenswerte Hilfszahlungen zu finanzieren. Die gewerkschaftlich organisierten Arbeiter erhielten nur eine geringe, die übrigen Arbeiter gar keine Unterstützung. Fast unmittelbar kam es zu massiven Verelendungserscheinungen. Die Presse

---

[9] Schiedsspruch abgedruckt bei Schneider, Ruhreisenstreit, S.24.
[10] Verbindlichkeitserklärung auszugsw. abgedruckt bei Schneider, Ruhreisenstreit, S.37, 38.

machte hierfür die Arbeitgeber verantwortlich, da diese auf dem Rücken der Arbeiterschaft einen Kampf gegen Demokratie und Regierung führten[11], so der Vorwurf.

Die SPD brachte die Angelegenheit vor den Reichstag und setzte gegen die Stimmen der KPD, NSDAP und DNVP, teils auch der DVP, durch, daß den Ausgesperrten für die Zeit der Aussperrung eine staatliche Unterstützung gewährt wurde. Diese Unterstützungszahlungen gerieten vor allem deswegen in die öffentliche Kritik, weil die Zahlungen bei einzelnen Arbeitern den Normalverdienst erheblich, teilweise um mehr als 50 %, überstiegen[12].

Da nunmehr wieder Waffengleichheit zwischen den Tarifparteien bestand und auch die Unternehmer die Folgen eines längeren Arbeitskampfes fürchten mußten, gelang es, beide Konfliktparteien zu einem erneuten Schlichtungsverfahren, diesmal unter Leitung des Reichsinnenministers Severing, zu bewegen. Beide Parteien stimmten bereits vor Beginn des Verfahrens zu, den Schiedsspruch Severins zu akzeptieren. Dieser am 21.12.1928 verkündete Schiedsspruch brachte den Arbeitern Lohnerhöhungen zwischen 1 und 6 Pfennig pro Stunde und reduzierte für einige Arbeitergruppen die zulässige Höchstarbeitszeit[13]. Der Ruhreisenstreit war damit politisch beendet.

3) Die juristische Auseinandersetzung

Juristisch hatte er ein längeres Nachspiel: Die Arbeitgeber hatten gegen den Schiedsspruch Joetten geklagt und erstinstanzlich Recht bekommen. Das obsiegende Urteil des Arbeitsgerichts Duisburg wurde jedoch vom Landesarbeitsgericht aus formaljuristischen Gründen aufgehoben. Das Reichsarbeitsgericht entschied letztinstanzlich, daß sowohl der Schiedsspruch Joettens als auch die Verbindlicherklärung des Reichsarbeitsministeriums nichtig seien. Zum einen dürfe ein Schiedsspruch entgegen der bisherigen Praxis nicht vom Vorsitzenden der Schiedskommission allein getragen sein, zum anderen dürfe ein Schiedsverfahren die Regelungen bestehender Rahmenverträge nur ergänzen, nicht aber ersetzen, wie es hier geschehen sei[14].

---

[11] Vossische Zeitung vom 11.11.1928, S.1, Frankfurter Zeitung vom 10.11.1928, S.2.
[12] Fallbeispiele aus dem Nachlaß Müllers bei Schneider, Ruhreisenstreit, S.44-48.
[13] Schiedsspruch abgedruckt in Schneider, Ruhreisenstreit, S.68-75.
[14] Fraenkel, Ernst: Der Ruhreisenstreit 1828-1929 in historisch-politischer Sicht, in: Staat, Wirtschaft und Politik in der Weimarer Republik, FS für Heinrich Brüning, hg. v. Ferdinand A. Hermes und Theodor Schieder, Berlin 1967 (im Folgenden zit. als „Fraenkel, Ruhreisenstreit"), S. 97-117, 116.

IV Folgen

1) Rechtliche Folgen

Die staatliche Zwangsschlichtung war als Instrument zur Lösung tariflicher Auseinandersetzungen durch das Urteil des RAG zunächst weggefallen. Der Streit um die Zwangsschlichtung ging aber weiter. Bereits unter der Regierung Brüning wurde die staatliche Zwangsschlichtung wieder eingeführt, ab dem 15.07.1932 hingegen galten staatliche Schiedssprüche nur noch als unverbindliche Empfehlungen. Per Notverordnung vom 05. September 1932 gestattete die Regierung v. Papen den Unternehmen, bei der Einstellung von Arbeitslosen die Tariflöhne um bis zu 50 % zu unterschreiten[15]. Die Erfahrungen des Ruhreisenstreits galten nach 1945 als Argument, den Zwangstarif nicht wieder einzuführen[16].

2) Soziale und wirtschaftliche Folgen

Die Arbeiter mußten im Verlauf des Ruhreisenstreits erhebliche Lohneinbußen hinnehmen. Die Besserstellung Einzelner durch die staatliche Unterstützung, die in der Öffentlichkeit so großen Unmut erregt hatte, betraf die große Masse nicht. Der Lohnausfall betrug während der Zeit der Aussperrung ca. 45 bis 50 Mio. Mark, während sich die Unterstützungszahlungen von Staat und Gewerkschaften auf ca. 17 bis 18 Mio. Mark beliefen[17].

Für die Wirtschaft ergaben sich ebenfalls Nachteile. Die fehlende Kaufkraft der Arbeiter führte in manchen Branchen zu erheblichen Umsatzrückgängen, z.B. um 50 % in der Textil- und Schuhindustrie[18]. Die Aktien der Metallarbeitgeber fielen im Verlauf des Ruhreisenstreits auf neue Tiefststände[19].

3) Politische Folgen

Die Regierung Müller konnte den Ausgang des Ruhreisenstreits nicht als politischen Erfolg verbuchen. Der Interessengegensatz zwischen SPD und (arbeitgeberfreundlicher) DVP war zwar nicht offen gezeigt worden, hatte sich aber intern verschärft. Zudem hatte sich erstmals eine SPD-geführte Regierung dazu hinreißen lassen, allein durch staatlichen Dirigismus ein

---

[15] Preller, Ludwig: Sozialpolitik in der Weimarer Republik, Düsseldorf 1978, S.416.
[16] Fraenkel, Ruhreisenstreit, S. 117.
[17] Weisbrod, Bernd: Schwerindustrie in der Weimarer Republik, Wuppertal 1978 (im Folgenden zit. als „Weisbrod, Schwerindustrie"), S.452.
[18] Weisbrod, Schwerindustrie, S.453
[19] Übersicht bei Schneider, Ruhreisenstreit, S. 36.

gesellschaftliches Problem zu lösen, also ein politisches Mittel anzuwenden, das sie als Oppositionspartei stets abgelehnt hatte und das ihrem Parteiprogramm widersprach. Dies verschlechterte auf lange Sicht die moralische und politische Position der Partei, zumal sie (vielleicht unabsichtlich) eine Klientelpolitik unter Verletzung der Privatautonomie gezeigt hatte. Die Tatsache, daß das Reichsarbeitsgericht zudem die Verbindlicherklärung des Schiedsspruchs für rechtswidrig erklärte, trug diese Niederlage für jeden erkennbar in die Öffentlichkeit.

V   Bewertung

Um die Eignung und Legitimität der Maßnahmen der Regierung zu untersuchen, sind diese zunächst zu unterteilen in

- die Verbindlichkeitserklärung des Joetten – Schiedsspruchs sowie
- die finanzielle Unterstützung der Arbeiter.

1)   Eignung der Maßnahmen

Die Verbindlichkeitserklärung des Joetten – Schiedsspruchs war nicht geeignet, den Ruhreisenstreit zu beenden. Der sozialdemokratische Arbeitsminister Wissell war von Anfang an in die Verhandlungen der Tarifparteien eingebunden und über den jeweiligen Verhandlungsstand informiert. So konnte ihm nicht entgangen sein, daß sich eine Einigung der Tarifparteien abzeichnete. In einer Sitzung vom 16.10.1928 war zwischen Wissell und den Arbeitgeberverbänden bereits Einigkeit erzielt worden, daß man die gegenwärtige gesetzliche Regelung des Schlichtungswesens unangetastet lassen wolle[20]. Gleichwohl – und gegen   den   Willen   des   DVP-Wirtschaftsministers   Curtius   –   erfolgte   die Verbindlichkeitserklärung in letzter Minute vor der Aussperrung[21].

Die finanzielle Unterstützung der Arbeiter hingegen war geeignet, den Ruhreisenstreit zu verkürzen. Indem man die Arbeitnehmerseite in die Lage versetzte, die Aussperrung über längere Zeit auszuhalten, brachte man die Arbeitgeberseite, die nun einen weitaus höheren wirtschaftlichen Schaden erwarten mußte, in Zugzwang. Diesen Einigungszwang konnte Severing zur Durchsetzung seines Schiedsspruchs und somit zur Beendigung des Konflikts ausnutzen.

---

[20] Schneider, Ruhreisenstreit, S. 3.
[21] Ebenda.

2) Legitimität der Maßnahmen

Die Verbindlichkeitserklärung war nach Auffassung des Reichsarbeitsgerichts rechtswidrig. Sie stellte darüber hinaus einen schweren Eingriff in die Privatautonomie dar, die dem Parlamentsvorbehalt des Art. 157 Weimarer Reichsverfassung widersprach. Das Ermächtigungsgesetz von 1923 galt nicht mehr, da es gemäß seinem § 2 am 15.02.1924 außer Kraft getreten war. Die Schlichtungsverordnung galt nur noch formell. Materielle Geltung hatte sie nur noch in Form von Gewohnheitsrecht, da das zugrundeliegende Ermächtigungsgesetz vom Reichstag gleichsam personengebunden für die Regierung Stresemann erlassen worden war, nicht aber auch andere Regierungen zu Erlaß oder Anwendung von Rechtsverordnungen ermächtigen sollte. Die Gewaltenteilung wurde somit gleich zweifach durchbrochen: Zum einen durch Eingriff in die Regelungsbefugnis des Reichstags, zum anderen durch Erhebung einer Rechtsansicht in geltendes Recht unter Verletzung der Befugnisse der Judikative. Sie war somit verfassungswidrig. Das Vorgehen war nicht nur illegal, sondern auch illegitim, da die Regierung nicht damit rechnen konnte, die Aussperrung durch die Verbindlichkeitserklärung zu vermeiden. Somit hatte es als illegale Maßnahme nicht praktische, sondern lediglich politische Zwecke.

Die finanzielle Unterstützung der Arbeiter ist als legitim anzusehen, wenn man bedenkt, daß die Mehrzahl der Arbeitnehmer gar keine Lohnforderungen gestellt hatte, aber gleichwohl finanziell schlechter gestellt war als die Arbeitslosen und die gewerkschaftlich organisierten Arbeiter. Das Reich war zur finanziellen Unterstützung zumindest dieser Arbeiter nicht nur berechtigt, sondern sogar verpflichtet.

VI   Ergebnis

Die Verbindlichkeitserklärung des Joetten-Schiedsspruchs war nicht nur ein klarer Rechtsbruch, sondern vor allem ein politischer Fehler. Sie öffnete staatlichem Dirigismus und einseitiger Klientelpolitik die Tür, wie sie von nachfolgenden Regierungen nur zu oft praktiziert wurden. Sie schwächte die spätere Handlungsfähigkeit der SPD gegenüber solchen Regierungen, die mit dem Stigma des Rechtsbruchs belegt war.

Die finanzielle Unterstützung der Arbeiter war geboten und richtig. Gleiches gilt für das Herbeiführen des Severing-Schiedsspruchs.

Literaturverzeichnis

Fraenkel, Ernst

Der Ruhreisenstreit 1828-1929 in historisch-politischer Sicht, in: Staat, Wirtschaft und Politik in der Weimarer Republik, FS für Heinrich Brüning, hg. v. Ferdinand A. Hermes und Theodor Schieder, Berlin 1967, S. 97-117

Preller, Ludwig

Sozialpolitik in der Weimarer Republik, Düsseldorf 1978

Schneider, Michael

Auf dem Weg in die Krise, Thesen und Materialien zum Ruhreisenstreit 1928/29, Wentorf bei Hamburg 1974

Timm, Helga

Die Deutsche Sozialpolitik und der Bruch der großen Koalition im März 1930, Düsseldorf 1952

Wehler, Hans-Ulrich

Deutsche Gesellschaftsgeschichte, Vierter Band, Vom Beginn des Ersten Weltkriegs bis zur Gründung der beiden deutschen Staaten 1914-1949, München 2003

Weisbrod, Bernd

Schwerindustrie in der Weimarer Republik, Wuppertal 1978

Wirsching, Alexander

Die Weimarer Republik, Politik und Gesellschaft, München 2000